KB126449

글면 근갑다

2022년 7월 20일 초판 1쇄 발행
2022년 8월 08일 초판 2쇄 발행

지은이: 김홍용
발행인: 김홍용
편　집: 박선주, 박윤지, 이예은, 한승하

펴낸곳: 사회복지법인 동행
주소: 전남 여수시 소라면 화양로 1953
전화: 061) 818-1953
팩스: 061) 685-3751
이메일: together6363@hanmail.net
홈페이지: http://www.together63.kr/
출판등록: 2020년 6월 10일 (제 2020-3호)

ⓒ김홍용 2022
ISBN 979-11-971051-5-9

글먼 근갑다

지은이　김홍용

들어감서

사회복지 현장의 이야기를 사회에 알리고 싶어
지금까지 '동행'에서 두 권의 책을 냈고 앞으로도
계속해서 낼 계획이다.

그중 개인적으로는 모금에 관한 이야기를 쓰려고
하는데 삼 년이 넘도록 진도가 잘 나가지 않았다.

올해도 무거운 마음으로 책장을 뒤지다
오래된 시집을 읽게 되었고
'왜 이렇게 어려울까?' 의문과
'왜 아름다운 말만 쓰여 있을까?' 하는
궁금증이 들었다.
의문과 궁금증 속에서 뜬금없이 모금에 관한 글들을 시로
써보면 어떨까? 하는 생각이 들었다.

시랍시고 몇 편을 끌적거려 봤는데 막상 쉽지 않았다.
보들레르, 백석, 김수영, 신동엽, 천상병 등 돌아가신 분들과
시방 잘 나가는 시인들의 시집까지 몽땅 사서 읽었다.

가슴에 와닿기도 하지만
이해가 되지 않거나
공허하게 날아 가버린 글들도 있었다.

처음에는 복지에 대한 이야기로 시작했는데
쓰다봉께 살아오면서 느꼈던 불합리나
역사, 정치까지 쓰게 되었다.

대나캐나 쓰다봉께 촌놈 마라톤같이 초장에 너무
시카리 달리고 있는 느낌이 들어 추레봉께 부피가
책을 내도 암시랑토 않을 것 같았다.

시를 쓸라고 생각하는 것도 되고
쓴담서 쪼구려 앉아 뚜들기는 것도 되야서
된께 째까 쉬까? 하는 마음으로 책을 엮었다.

말과 행동이 전혀 다른 사람들에 대해 많이 썼는데
자가 검열에서 짤려 담판으로 미루기로 했다.

씀서 시원하고
읽음서 후련한 시를 쓰고 싶었고

씀서는 시원했는데

읽음서 후련 할랑가는 읽는 사람들이 알아서 하것제!

2022년 6월

해가 젤 진날 동백원에서

夢 遊 김 홍 용

목차

1부. 글먼 근갑다

다른시간	14
앞과 뒤	15
TV	16
글먼 근갑다	17
척	18
또 글먼 근갑다	19
내일	20
그냥 글먼 근갑다	24
성장과 복지	26
하까 마까	28
연습	29
까지와 부터	30
다른 삶	31
화	32
모나리자	34
줌마들의 여행	36
문제	38
학교 폭력	39
한 말 또 하고	40
마음	43

2부. 흩날리는 복지

연탄과 복지　　46

아프리카의 눈물　　48

눈물의 아프리카　　50

자원봉사　　52

입시와 자원봉사　　53

천당과 지옥　　54

장애인?　　58

탈 시설　　60

대문　　62

동백원의 봄　　64

내빈 소개　　67

야단법석　　68

경옥고　　71

숨바꼭질　　72

동행 먹거리　　74

자립생활　　76

조기 치료　　80

구걸하는 모금　　82

가난 속의 웃음　　84

행복지수　　86

흩날리는 복지　　88

3부. 타 짜

타 짜 92
39대선 96
부동 詩 98
쓰리고! 피박! 광박! 100
곡학아세 104
상의 권위 108
프리츠커 상 110
그 동네 112
얼척없는 조선 116
사드와 광해 118
지공선사 122
자전거 124
사라진 이쑤시개 126
휴대폰 130
육봉 132
드럼 136
내 동생 140
제목 144
함바트빈 148
동행 148

1부. 글면 근갑다

다른 시간

인생은

대나캐나 살면
한없이 길고

치열하게 살면
너무나 짧다.

세월은

다

다르게 오고 간다.

앞과 뒤

이룩한 사람은
덜 이룬 것을
아쉬워하며
앞을 보고

이루지 못한 사람은
많이 이룬 것처럼
힘을 주며
뒤를 본다.

TV

보면 재미있다.

돌리면 더 재미있다.

끄면 남는 게 없다.

안 봐도
암시랑토 않다.

글먼 근갑다

뒤에서 빵빵거리면
그냥 근갑다.

옆에서 갑자기 새치기해 들어오면
글먼 근갑다.

교차로 50키로
답답해도
그냥 근갑다.

학교 앞 30키로
깝깝해도
글먼 근갑다.

그냥
글먼 근갑다 함서
댕기면

사고 안 난다.

척

잘하는 척 하기는 쉽다.

잘하기는 어렵다.

또 글먼 근갑다

신호등이 바뀌었는데도
안 가면
오늘 내로는 가겠지 함서
근갑다 하고

선거 끝나자마자
완장질하고 돌아 댕기는
꼴배기 싫은 놈들도
그냥
근갑다 하고

그냥
글먼 근갑다 하고
살다 보면

꾸무럭한 하늘이
파~란 하늘로 변하는 날도 온다.

내일

내일은 항상 부드럽게 다가온다.

아웅다웅하거나
어영구영하면서 보내는 것은
오늘이다.

아쉬웠고
만질 수 없지만
만지고 싶은 것은 항상 어제다.

내일은
아쉽지도 않고
만질 수도 없고
치열하지도 않지만
항상 부드럽게 다가온다.

내일은 많은 것을 맡길 수 있고
넉넉하고 부드럽게 맡아준다.
걱정하지 말라는 당부와 함께

운동
다이어트
연습

하기 힘들고 어렵고 짜증 나는
이 모든 것을 받아주는 것은
내일이다.

내일이 있으니까
내일로 미룰 수 있다.

그 내일이 오늘이 되면

다시 또 어김없이
내일이 뒤에 따라오니까
내일한테 맡기면 된다.

글다
어쩌다가
참말로
내일이 안 와 불면

글면
모든 것을 안 해도 되는데
뭣 땜시 걱정해

긍께
나는 내일이 좋다.

그냥 글먼 근갑다

국방부 방 빼
글먼 근갑다 함서 방 빼주고

장관 공관이 맘에 드네
한마디면
그냥 근갑다 함서 비워주고

5년을
50년으로
당선을 점령으로 착각하고
이방 저방 다 빼 불어도

그냥 글먼 근갑다 함서
살다 보면
오백년 같은 오년도 지나가겠지

근디
방빼고 고치고 빵키칠하고 그런 돈은
핵관들이 내것제

설마
세금으로 수의계약 할라고?----220505

해 불등마!----------------220629

성장과 복지

대부분 성장을 먼저 이야기한다.
조금만 참으면 나눌 수 있다.

참자

성장을 위해

성장을 통한 낙숫물 효과를 말하는 사람은
진즉 사라지고
세계 어디에도 없는데

우리 경제학자들은
아직도 성장을 노래한다.

하지만
노르딕 국가들은
복지를 통해 성장을 이루었다.

촘촘한 사회 안전망 속에
창의와 혁신을 통해 성장을 이루고

성장을 통해 다시 촘촘한 안전망을 깔면서
복지국가를 만들었다.

성장이 목적이 되어서는 안 되는데
오늘 취임사에도 목적은 성장이며
그것도 빠른 성장이다.

성장해서
무엇을 하겠다는 목적이 없이
그냥 빠르게 성장만 해서 어쩌자는 걸까?   220510

하까 마까

하까 마까
될락 말락

가까 마까
달락 말락

글다

글다가

그럴 줄 알았어
함서

끝난다.

연습

인생에 연습은 없다.
한번 지나가면 그만이다.
연습 해감서 다시 살아볼 방법이 없다.

근디도 인생은 매 순간순간이 연습이다.

트리플 악셀이 쉽겠는가?
얼마나 넘어지고 자빠지고 엎어졌으면
세계에서 1등을 했쓰까?

3년 동안의 피눈물 나는
함부르크 시절이 없었다면
비틀스는 위대하지 못했을 것이다.

소울리스좌도 틈난대로 연습만 했다.

연습도 안 함서
뭔가를 잘해 볼라고 하는 놈은
도둑놈 심뽀다.

연습이 실력이고 실력은 연습에서 나온다.

까지와 부터

족발과 치맥을 맘껏 먹는 것도
오늘까지

내일부터는 다이어트를 해야된께

둔너서 뒹굴거리는 것도
오늘까지

내일부터는 헬스를 해야된께

오늘까지와 내일부터를
열심히 하다 봉께

배는 나오고
살은 디룩디룩

그래도
오늘까지와 내일부터가 편하고 좋다.

다른 삶

부지런한 사람은
게으름을 미안해하고

게으른 사람은
부지런을 자랑한다.

화

화는 밖에서 날아올까?
안에서 일어날까?

록의 뼈아픈 농담이 날아와서
가슴 깊숙이 꽂혔다.
상처를 입은 스미스는
분연히 일어서 록의 뺨을 후려쳤다.

2022년 아카데미 시상식 일이다.

날아온 화가
안의 화를 일으켰다.

말과 폭력
누가 더 상처를 주었을까?

그래도
스미스가 참았어야 했다.

모나리자

루브르 직원들은
한국 사람들의 뒤통수를 매우 궁금해한다.

모나리자 그림을 향해
허겁지겁
헐레벌떡 달려와
바로 돌아서서 폼을 잡으면
일행이 사진을 찍어주고

모나리자의 미소를 지으며
임무 교대 해감서
연신 사진을 찍는다.

사진 찍기가 끝나면
모나리자는 내뿌러 불고
뒤도 돌아보지 않고
바로 고~고.

정말 아름다운 것은
눈으로 보고
마음으로 느끼며
가슴에 간직해야 하는데

그놈의 뒤통수.

줌마들의 여행

귀국길에
뱅기 타려고 줄 서 있는데

뒤에 아줌마 4~5명이
여행 이야기를 나눈다.

여기가 좋았다.
거기가 멋있었다.
어디가 맛있었다.
서로 추억을 비비고 볶고 지지는데

조용히 있던 아줌마에게
"이번 여행 뭐가 제일 좋았냐?"

"밥 안 하는 것이 젤로 좋았어!"

그러자

서로서로
나도
나도

비비고 볶고 지지던 추억은 멀리 사라지고
밥할 일이 깝깝한 아줌마들

여행보다 밥 안 하는 것이 훨씬 좋구나!

문제

문제 아동 뒤에는
항상 문제 부모가 있다.

문제는
문제를 문제라고 생각하지 않는 것.

무엇이 문제인지
모르는
그 부모에 그 아동이

항상
문제를 일으킨다.

학교폭력

학교폭력은
99.999999999999가 아니라
100빠센토 가정 폭력에서 온다.

학교폭력의 가해자들
실은
가정 폭력의 피해자들이다.

맞아 본 놈들이
때릴 줄도 아니까

70년대 스웨덴은
아동 체벌 금지법을 만들었다.
부모가 자식을 못 때리는 법이다.

가정 폭력은 놔둔 채
학교 폭력만 잡으려는 우리

되까?

택도 없다.

한 말 또 하고

살다 봉께
주위에
한 말 또 하고, 한 말 또 하는 사람들을
자주 만나게 된다.

왜 그럴까?
왜 한 말 또 하고 한 말 또 할까?
새로운 맛이 없어서 그까?

살 만큼 살아서 새로운 지식을 알 필요가 없고
지금까지로도 충분 항께
한 말 또 하고, 한 말 또 하게 된다.

호기심이 강한 아이들이나
지적탐구를 즐기는 젊은이들은
한 말 또 하고를 안 한다.

한 말 또 하고가 심해지면
특정 기억에 편중되어
같은 말을 반복적으로 하다 봉께
점점 사실적으로 정확하게 묘사되기 일쑤다.
30년 전의 버스 번호는 물론
날씨까지 정확하게 이야기한다.

그런데 이야기하는 사람 외
그 당시 날씨를 누가 알겠는가?
그저 하는 소리지

그래도 한 말 또 하고, 한 말 또 하고를
잘 들어줘야 한다.

그 사람에게는 한 말 또 하는 것이 낙이니까
20~30년 전의 특정 기억을
신나게 침 튀겨가며 한 말 또 하는 말이 지겨울 때는

어제는 뭐 했냐?
점심 뭐 묵었냐? 하고 물어보면

한참 심각하게 생각에 잠긴 후
생각이 잘 안 난 담서 얼버무린다.

그럴 때 잽싸게
내가 한 말 또 하고를 시작하면 된다.

그렇게 밤을 새우고 날을 새 감서
소주에 한 말을
맥주에는 또 하고를

섞어
흔들어가며
주고 받음시롱 보낸다.

늘그니들이.

마음

내려놓으니 가볍다.

비우니까 편하다.

2부. 흩날리는 복지

연탄과 복지

연말이면
얼굴에 검댕을 묻히고
던지고 나르며
히히덕 거리는 사람들

겨울 추운 새벽에 갈아 봤을까?
꺼진 불을 다시 살려 봤을까?
지독한 냄시를 맡아 봤을까?
한가득 쌓인 재를 버려봤을까?

귀찮고
지저분하고
냄시 나는 연탄을
때야만 사는 사람들의 마음을 헤아려 봤을까?

나를 때 카메라는 꼭 있어야 한다.
연탄 때는 사람들을 위해서가 아니라
사진 때문에 연탄을 나르니까.

연탄은 복지가 아니다.

때지 않고도
추운 겨울을 날 수 있게 하는 것

때지 않고도
마음이 따뜻하도록 손을 잡는 것이
복지다.

아프리카의 눈물

우리에게
아프리카는 눈물이다.

실제는
명랑, 쾌활, 친절, 율동 등이 어우러지는 동네인데

우리가
아프리카를 눈물로 인식하는 것은
모금단체들 때문이다.

아프리카를
최대한
불쌍하고 짠하고 진한 눈물로
표현해야 돈이 된다.

50여 년 동안
우리나라는 물론 전 세계에서
그 많은 돈들이 아프리카로 흘러갔는데

지금도
우리에게
아프리카는 눈물이다.

이제
아프리카를
돈벌이 수단에서 놔줘야 할 때다.

아프리카의 아픔과 슬픔, 고통을 팔아서
살아가는 단체들
노르웨이의 Radi-Aid에서 배워야 한다.

에징가니 팔앞쓩께
이제 그만 팔 때도 됐다.

환하게 웃음서
명랑 쾌활하게 노래하며 춤추는
아프리카의 초원을 보고 싶다.

눈물의 아프리카

컷 컷 컷
마음에 안 들었다.

아이의 얼굴에 파리가 부족하다.
마시는 물이 너무 깨끗해 더 더러운 물

물이 더러울수록
파리가 많이 꼬일수록
엄마의 젖이 말라비틀어질수록

돈이 몰려들었다.

80년대
미국에서 한 모금단체가
아프리카의 파리와 더러운 물로
일 년 만에 1억 달러 이상을 모금했다.

너도나도 뛰어들었다.
더 많은 파리
더 더러운 물을 찾아서

심리학자들도 가세해
더 더럽고 비참할수록
돈이 더 많이 모태진다고 연구 보고했다.

2000년대 우리나라도 뛰어들었다.
더 많은 파리와
더 더러운 물을 찾아

실제 아프리카는
그렇게까지 파리가 많지도 않고
웬만한 곳은 식수가 부족하지도 않다.

우리가 우리보다 못 산다고 생각할 뿐
나름대로는 잘 살고 있다.

하지만
모금단체에
아프리카는 영원한 눈물로 남아있어야 한다.
불쌍하고 짠해야 돈이 되니까.

그놈의 돈이 머시라고!

자원봉사

내가
남을 위해
몸과 마음을 내놓으면

누가

더

행복할까?

입시와 자원봉사

남을 위해
내 마음과 몸을
내놓고 싶지만

시간으로 재고
수기로 받고
사진으로 확인하며
점수를 매겨
상으로 주고
입시에까지 반영하는 나라

내가 원해서
남이나 사회를 위해 봉사하는 일을
계량해서 상을 주기 시작하면서부터

자원봉사는 빛바랜 서류로
변질되고
있는 집 아이들 스펙 쌓기로
왜곡되었다.

천당과 지옥

아이를 낳으면 12개월 이내
산모와 아이는 검사를 받아야 하고
안 받으면 벌금을 내야 한다.

특별한 규정도 없고
받으면 좋고 안 받아도 그만이다.

검사 결과 장애가 의심스러우면
국가와 지자체가 바로 치료에 개입한다.

제대로 검사해주는 기관도 없고
어렵게 치료기관을 찾아도
자리가 없어 세월만 지난다.

국가와 지자체의
적극적인 조기치료 덕분에
아이의 발달이 더디기는 하지만
엄마는 마음이 놓인다.

어디로 가야 할지도 모르고
조기치료 시스템도 없어
모든 것을 알아서 해야 하는
엄마의 마음은 타들어 간다.

장애아동이 성인이 되었을 때
부모는 국가의 존재와
사회의 보살핌에 감사한다.

장애아동이 성인이 되어도
나아지기보다 더욱 심해지면서
국가를 원망하고
사회에서는 무릎 꿇어야 한다.

국가와 사회의 보살핌 속에
장애아동과 부모는
죽는 날까지 걱정 없이 살다 간다.

내가 저 애보다 하루라도 더 살아야 한다.
절대 죽을 수 없다는 절박감으로
나이가 들수록 몸과 마음이 피폐해진다.

장애를 대하는 방식에서

천당과 지옥이 결정된다.

장애인?

스웨덴 국적을 갖고
스웨덴 말과 글을 모르면 장애인이다.
비염 환자도 장애인이다.

이렇듯 장애 범주는
국가와 사회에 따라 다양하며
상황과 세월에 따라 변하기도 한다.

하지만
세계 어느 곳에서나 변할 수 없는 가장 심한 장애인은

내가
장애인이라는 인식을 못 하고
어떠한 서비스를 받아야 할지
어떻게 살아야 할지 모르는 사람들이다.

그들의 삶을 돕기 위해서는
안전하고 편안한 공간과

사회복지사, 심리치료사, 간호사, 물리치료사,
작업치료사, 언어재활사, 영양사 등
많은 전문가의 손길이 필요하다.

활동지원사만 있으면 된다면서
장애인을 시설 밖으로 내몰기만 하는 장애인 정책

누구를 위한 정책일까?

탈 시 설

1960년대 뉴리에의 탈시설화
1980년대 울펜스버그가 정상화를 주장할 때는
일리가 있었다.

지금
21세기 우리나라에서

무조건 탈시설을 주장하는 사람들은

장애에 대해 아무것도 모르고

장애인에 대해 알려고 하지 않는 사람들이다.   220531

대문

처음부터 대문과 담장이 없었다.
누구나 마음대로 나갈 수 있고
아무나 들어올 수 있어야 했다.

지적장애 처자가 며칠씩 사라지고
자폐스펙트럼의 아동 등이 수시로 없어져
천지사방을 찾으러 다닐 때마다

대문을 만들자고
왜 담장이 없냐고 했지만

대문을 만들지 않았고
담장을 치지 않았다.

몸과 생각이 불편한 사람들이지만
그 마음마저 가두어서는 안 된다고 믿었다.

누구나
아무나
언제나
어느 때나

자유롭게 드나들 수 있는

동백원.

동백원의 봄

겨울의 끝자락을 헤치고 오는
봄은
찬찬히 봐야 살며시 다가온다.
엄벙덤벙, 왔다 갔다 함서
해찰하다 보면 그냥 지나가 분다.

동백원에
봄이 먼저 스며드는 곳은 매화밭.
50여 그루가 봄을 소곤소곤 수근수근.
잔잔한 소곤거림 사이로 살며시 봄이 내려앉는다.

소곤거리는 매화와 달리
목련은 꽃 몽우리가 터질 때
봄
봄
봄 하는 소리가
가만히 들으면 들린다.

목련이 아름다운 소리와 색깔로
봄을 맞이할 때
그 밑의 서향은 상큼한 봄 냄시를 퍼트린다.

목련이 환하게 봄을 비추고
서향이 향기를 뿌릴 때

노오란 개나리도 째까씩
봄을 내밀며
유채밭에도 노란 봄이 앉는다.
노오란 개나리와
노란 유채는
비슷하지만 다른 봄을 만들어 간다.

어느 틈에
벚꽃도 화사한 봄을 피우고
살구가 먼저 자두도 함께
그 밑에서는 앵두도 꽃망울을 머금는다.
모두가 싱그러운 봄의 향연이다.

그 사이
동백은
소리 없이 피고 지고
매달린 봄도 예쁘지만
떨어져서도 시들지 않고 봄을 모으는
처연하게 아름다운 동백꽃.

비바람에
화려한 목련이 하늘거리며 흐트러질 때

봄은

눈을
가슴을
마음속 깊은 곳을 적시며
동백원을 포근하고 따뜻하게 감싼다.

그때쯤
커다란 느티도 움을 틔우며
봄을 맞이한다.

감과 대추 팽나무는
티도 안 내고 버티는데
둔한 건지 늦는 건지 답답하지만
즈그들도 봄인지는 알것제   220325

내빈 소개

신찮은 행사일수록
내빈이 많다.

행사의 내용보다
내빈이 얼마나 왔느냐로
행사의 품격이 정해진다고 믿기 때문이다.

내빈들은
소개를 했니
    안 했니
순서가 틀렸느니
하면서 구시렁거릴 때도 많다.

'동행'에서 하는 행사는 내빈 소개를 안 한다.
'동행' 가족들 모두가 내빈이라고 믿기에

글다봉께
내빈들이 잘 안 온다.

긍께
우리끼리
한갓지고 더 좋다.

야단법석

사무실에 근무하는 직원들은 항상 긴장해야 한다.

매일 사무실에 나타나는
분도(42.ADHD).
보이는 것은 무조건 게베에 담고 사라진다.
지금까지 분도가 쎄벼간 것들만 모았어도
점빵 한 개는 차렸을 것이다.

은밀한 침입자
은기(32.중증자폐).
한 번은 쇳떼 뭉치가 사라져서
몇 날 며칠을 찾다가
며칠 뒤 후미진 풀숲에서 찾았지만
쇳떼를 다 바꾼 뒤였다.

창환(38.다운증후군)이는
팩스를 대나캐나 맘에 드는 직원에게 나눠주는데
글은 모른다.
방문객에게는 점찮게 인사하면서
먼저 악수를 청하는 것을 즐긴다.

은미(45.발달장애)는
한번 들어오면 서류의 중요성과 상관없이
그저 종이때기를 손에 쥐어야 나가니까
은미가 나갈 때까지 업무는 올 스톱.
모두 나서서 은미를 어르고 달래지만
결국은 쥐어져야 나가니까 종이때기를 모타 논다.

그래도 가장 큰 사고는
수시로 사무실을 들락날락하는
옥진(35.지적장애)이에게
문서 세단 일을 맡긴 것이었다.

종이를 밀어 넣고 잘리는 일이
재미있고 신이 난 옥진이
하루는 직원이 잠깐 자리를 비운 사이
2개월에 걸쳐 준비한 평가 자료를
2분 만에 말끔하게 세단하고 씨~익 웃는 옥진이
담당 직원은 이틀을 울었다.

장애인들이 생활하는 곳에
장애인들의 출입을 막을 수는 없는
동백원 사무실.

장애인을 케어한다는 것은
그만큼이나 어렵고도 힘들다.

재미도 있다.

경옥고

아이들이
잔병치레가 많아
건강을 위해 경옥고를 만들기로 했다.

방법을 몰라 사방에 수소문해서
나주에 가서 열심히 배우고
재료는 대인시장 유명한 제분소에서 샀다.

끓을락 말락 하는 온도로 사흘간
하루 식혔다가 또 하루 끓을락 말락
끓을락 말락 하게 불 때기가 정말 어려웠다.

항아리 한두 개 실금이 가고
묽었다가 되었다가를 반복하면서
사랑과 정성을 다해 만든 경옥고
매일 아침 한 숟가락씩 먹게 했다.

일 년쯤 지나니
아이들 병원 가는 횟수가 절반으로 줄었다.

아이들의 행복과 건강을 위해
사랑과 정성을 다해 만든 삼혜원 경옥고.

숨바꼭질

숨어야만 찾을 수 있는 나
숨어야만 느낄 수 있는 우리

아이들은 눈을 꼭 감을수록
손바닥으로 세게 누를수록
안보이거나 없어지는 것 같은 느낌
그 시기는 잠깐

이제는 숨기 위해
의자나 식탁 밑에 앉거나 엎드린다.
몸통이 다 드러나도
식탁이나 의자가 든든하게 가려주니까
안전하고 포근하다.

아이들은 점점
커텐이나 문 뒤를 거쳐 장롱 속으로 들어간다.

찾지 못하게 숨으면서
끼륵끼륵 소리를 내고 신호를 보내는
아이들의 마음속에는

나를 찾아낼까?
나를 찾지 못하면 어쩌지?

호기심보다 두려움이 클 때
소리를 내고 신호를 보낸다.

숨으면서 찾는 나
숨으면서 느끼는 우리

아이들은 누구나 숨바꼭질을 하면서 성장한다.

동행 먹거리

동행에서는
일주일에 두세 번
양파, 다시마, 멸치, 무, 대파 등을 넣고
육수를 만들어 국이나 반찬의 감칠맛을 위해 쓴다.

쌀은 농협에서 젤 좋은 쌀을 산다.

마늘은 매년
해풍 맞은 돌산 마늘을 밭떼기로 산다.

소금은
서해안 천일염전에서 사다가
5년 이상 간수를 빼서 사용한다.

매년 5월에
질 좋은 징어리에 간수 뺀 천일염을 찌끄러서
담근 액젓을
3년 정도는 냅뒀다 쓴다.

콩은
늦가을에 순창에서 사 온다.
메주를 써서 간장과 된장을 만든다.

제철에
매실, 마늘쫑, 깻잎, 고추, 양파 등을
장아찌로 만들어 먹는다.

모든 재료를
좋고 신선한 것으로 준비하고
영양사와 조리원들의 정성이 담겨
한 끼 식사가 제공된다.

그래서
동행의 밥은 어느 때나 어느 곳이나 맛있다.

자립생활

80~90년대에는
굳이 시설에 들어오지 않아도 되는
장애인들이 시설에 많이 들어왔고

그 시절 동백원에서는
자립에 최대한 노력을 하였다.

인지능력에 지장이 없이
일상생활이 혼자 가능하며
휠체어라도 이동할 수 있으면
직업을 가질 수 있게 지원했고
대부분 동백원을 떠나 자립했다.

인지능력은 있지만
혼자서는 일상생활이 어렵거나
전동 휠체어를 이용해야 하는
중증 뇌병변 장애인들은
자립을 두려워했다.

두려움을 이기기 위해
서두르지 않고 천천히 진행했다.

체험홈을 만들어
힘들고 불편하지만
홀로서기에 익숙해지도록
연습과 훈련을 했다.

2~3년이 걸려
자신감이 생긴 장애인은
시내 아파트의 그룹홈에서 지역사회와
함께 살도록 했다.

더디가더라도
언젠가는 이루겠지 하는 마음으로
서로 노력과 훈련을 했다.

5~6년
더딘 장애인은 10년이 넘게 걸려도
참고 기다리며 꾸준히 노력했다.

그러는 사이
활동보조서비스라는 제도가 생기고
장애인연금도 나오면서
꿈으로만 그리던
자립생활이 이루어졌다.

그렇게 동백원에서 생활하던 장애인들은
대부분 자립생활을 이루어 지역사회에서 홀로 산다.

가끔 외로움을 호소하기는 한다.

조기 치료

장애아동의 부모 대부분이 마주치는 첫 감정은
부정과 분노이다.

Why me? 때문에 쉽지 않지만
인정하고 수용하는 순간부터
치료는 시작된다.

세계적으로 다양한 검사도구들이 개발되어
어렵지 않게 판정을 받을 수 있다.

발달장애는 그 다양성 때문에 조기발견이 어렵지만
조금 늦되다고 생각하면서
치료시기를 미루다 놓치면 더욱 힘들어질 따름이다.

다양한 발달장애의 특성 때문에
그 장애에 맞는 치료기관이나
전문치료사를 만나야 한다.

치료과정에서
제일 중요한 것은 일관성이다.

짠하고 불쌍하니까 하는 마음으로
일관성을 놓치면
치료는 아무런 의미가 없게 된다.

문제행동과 폭력성도
조기에 적절하고 일관된 개입이 없어
일어나는 문제다.

뇌병변장애는
이른시기에 치료가 시작되어야 한다.
고착화되면
보바스, 보이타 등 어떠한 치료방법도
효과가 없다.

조기진단 및 치료센터가
광역 시ㆍ도마다
하나씩은
꼭
있으면 좋겠다.

구걸하는 모금

최대한 불쌍하게
　　　　멍하게
　　　눈물도 보이면서

어렵고 딱한 아이를 찍다,
인권문제로 대역까지 써 감서 촬영

어렵고 딱한 아이가
어쩌다,
운 좋게 모금단체 눈에 띄어
도움을 받는 것이 옳은 일인가?

국가나 지자체의 복지 시스템 안에서
제대로 돌봄을 받는 일이 마땅한가?

두말할 것도 없다.

복지는 구걸이 아니다.
하지만 모금단체들은
지금도 빈곤을 팔아야 밥벌이가 된다.

몇 푼의 모금을 위해
복지를 구걸로 포장하고
도움받는 사람을 비참한 거지로 만든다.

어렵고 힘들고 괴로운 사람에게
필요한 것은
몇 푼의 돈이 아니라
따스한 손길이다.

복지는 구걸이 아니다.

가난 속의 웃음

가난한 사람은 웃으면 안 된다.
가난하니까

가난한 사람은 눈물로 살아야 한다.
가난하니까

가난한 아이는 니케를 신어도 안 된다.
가난하니까

부자들이 가난을 보는 눈이다.

가난하다고 항상 울고 사는 것은 아니다.

가난한 사람도
배가 아프도록 웃을 때가 있다.

웃음은 있음에만 오는 것이 아니기 때문

가난한 아이도 니케를 신을 수 있고
언젠가는 가난에서 벗어날 수 있는 희망을
주는 것이 복지다.

가난을 가난에 가둬 둔 채
부자들의 베품 놀이를 부추기는 사회

가난을 처절하고 비참하게 만들어 가는
모금단체들 때문에

가난한 사람은 절망하고
서럽게
운다.

행복지수

세계에서 가장 행복지수가 높은
노르딕 국가들보다 우리나라의 복지서비스 숫자가
더 많은 것을 사람들은 알까?

우리나라 373개의 복지서비스는
핀란드보다 많은 숫자다.

출산장려 서비스가 다양하고 많은데
출산율은 세계에서 꼴찌다.

자살률 1위의 나라에서
자살 예방 시스템이 잘되어 있다고
홍보하는 아이러니

그 많은 복지서비스가 제공되는데
우리의 행복지수는 왜 항상 하위일까?

우리 복지서비스는 무늬만 갖춘 엉터리기 때문이다.

다 암서도 항상 그 모양이다.

흩날리는 복지

청소년 자살률 1위
노인 빈곤율 1위
행복 지수 OECD 35개국 중 34위

복지사회를 위해
많은 노력과 예산을 쏟아도
우리의 행복 지수는
맨날 하위다.

왜 그럴까?

아직도 복지가 뭔지 잘 모르기 때문

사회적 안전망이 촘촘히 깔린 나라가 복지국가다.

촘촘한 안전망을 깔아나가는 사람들은 누구인가?

정책을 제시하는 교수나 입안하는 공무원들이 아니라
일선에서 복지를 책임지고 있는 사람들이 행복해야
혜택을 받는 사람들도 행복을 느낀다.

복지사회라고 말하면서
정작 복지를 담당하고 책임지고 있는 사람들
사회복지사의 복지나 행복은 외면하는 나라

복지사회라는 공허한 메아리를 외치는 사회

복지를 담당하는 사람들이 만족하고 행복하면
복지국가는 저절로 다가온다.

3부. 타 짜

타짜

남을 속이기 위해서는
먼저 나를 속여야 한다.

나를 속이기 위해서는
부단한 노력과 정진이 필요하고
끊임없이 묻고 또 물어야 한다.
잘 속이고 있는가?
잘 속고 있는가?

속이는 나와
속는 내가
한마음으로 엉크러질 때
타짜의 길이 열린다.

타짜?

쉬운 것이 아니며 아무나 되는 것이 아니다.

물속에서는
끊임없이
쉬지 않고
죽어라 하고 갈퀴질을 하면서

겉으로는
태연하고
유유자적하게
교활한 미소를 띠며
떠 있어야 한다.

그 일이 쉬운가?
타짜의 대부분은 노름판에서 논다.
그러다
손가락이 문질러져 없어지거나
손목마저 잘려 피를 흘린 채
초라하고 궁상맞은 모습으로 쓸쓸히 잊혀진다.

그러나
인생 타짜들은
온갖 돈과 명예와 권력을 향유 하면서
죽을 때마저 칭송을 받으며 의연하게 죽는다.
그것이 진짜 타짜다.

내가 나를 속이며
속인 나와
속은 내가 한 몸이 되어

남을
주위를
나라를
속이며 살아온 타짜들

위대한 타짜들은
죽음마저 속일 수도 있다.

그러지 않고서는
끊임없이 다시 나타날 리가 없다.

39 대선

투표는 했다.

피

잉

세상이　　싫어졌다.

220310

부동詩

들추면 유죄
덮으면 무혐의

부릅뜨면 중범죄
감으면 시효만료

표창장 위조와
학력, 잔고 위조는 不同

浮動

符同

不 同 屍 는 군대 안간다.

쓰리고! 피박! 광박!

따~따 따 따 따 쓰리~고에 광박, 피박
송서방의 껍딱을 완전히 베껴부렀다.
화투는 이 맛에 치고 그리는 것이여

송서방이 그리면 싸인만 하고 팔았다.
비싸게 매우 비싸게
연애인을 등에 업고 등칠 곳은 많았다.

힘이 없어 가난한 건지
가난해서 힘이 없는 건지
모를
별 볼 일 없는 흑싸리 껍떡이
피눈물을 물감으로 삼아 그린 화투는
타짜의 싸인만으로 비싸게 비싸게 팔려나갔다.

지친 흑싸리 껍떡이
가쁜 숨을 몰아쉬며
38광땡에게 대들었다.

38광땡은
아이디어,
창작,
앤디 워홀을 들먹이며
울먹이고 눈물도 지어 보였다.
그럴듯하게, 아주 그럴듯하게

앤디 워홀을 욕보이지 말고
차라리 고창의 말땅을 찾아가
물팍 꿇고 쐬주라도 한잔 올림서
성님! 하는 것이 더 맞는데

화투 밑장까지 내다본
타짜의 실력을 지닌
큰 법원에서 무죄라고 했다.

무죄

그 후
오만 연애프로에서
무죄를 설명하고 변명했다.
연애인이니까

'미안합니다'
한마디가 그렇게 어려웠을까?   220222

곡曲학學아阿세世

쉬운 말을 어렵게 하고
쉬운 글을 난해하게 쓰는
사람들
큰 학교에 또아리를 틀면서
어디에나 있다.

비바람에 흩어지는 꽃 이파리처럼
흩날리는 말들을
이리저리 주워 담다 보니
먼저 가는 말을
뒤에 나온 말이 앞지르고
그렇게 말들이 뒤섞이고 엉크러져야
어려운 말들이 나온다.

가끔
영어는 꼭
한문도 섞어서
내가 한 말이지만 나도 잘 모르게

어클고 낼치면서
앞뒤가 엉크러지고
좌우가 뒤죽박죽이 될 때
어려운 말이 완성된다.

이때
중요한 것은
최대한 심각하고 엄숙하고 고상한 표정으로
가끔 이마에 핏대를 세워가면서 말을 쏟아내야
제대로 된 어려운 말처럼 들린다.

글도
앞 문장을 뒷 문장이 따라잡고
위와 옆의 문장들이 서로 뒤섞이면서

내가 쓰지만
도대체 무슨 글인지 모를 때
제대로 된 문장이 된 것이다.

영어뿐 아니라 한문도 꼭 들어가야 한다.
어차피 그 뜻이 중요한 것은 아니다.
모르기는 나나 너가 마찬가지니까

표정이 없는 글은
최대한 길게, 길가메시 서사시처럼 써야 한다.

같은 뜻을
이리 묶고 다시 풀고
영어로 감싸고 한문으로 칠을 하면서
뜻은 몰라도, 전달되지 않아도 상관없다.

어차피 모르라고 쓴 글인데
쉬운 말을 어렵게
쉬운 글을 혼란스럽게 하는 사람들

학문 보다
위원회나 용역에 입맛을 다시며
사외이사는 기본

후학 보다
기레기들에게 아부하고

선거철이면 물 만난 물고기처럼
이리 기웃 저리 기웃
끊임없이 곁눈질하며
세상을 훔치려는
타짜들

꼭 있다.

상의 권위

권위 있는 상은 어떤 상일까?

상의 권위는
주는 사람에게서 나올까?
받는 사람에게서 나올까?

상금이 많으면 권위가 있을까?
주는 곳이 대단하면 권위가 있을까?

상의 권위는
떨어진 사람에게서 나온다.

떨어진 사람이
인정하고 승복하는
상이
정말 권위 있는 상이다.

BTS가 그렇게 노력했고 받고 싶었지만
2022년 그래미상을 못 받았다.
하지만 깨끗이 승복했다.

그래미상의 권위는 더 올라갔다.
실력 있는 BTS가 승복하고 인정했기 때문에

상의 권위는
떨어진 사람이 인정할 때 높아진다.

프리츠커 상

가장 흔해 빠진 흙
흙밖에 없기에
그 진흙으로 학교를 지었다.

케레와 마을주민 모두가 나서서
진흙으로 학교를 지어나갔다.
뜨거운 태양과 무더위 때문에
차광과 통풍에 최대한 노력을 했다.

학교 창문은 높이가 다 달랐다.
키가 작은 아이나 장애인에게도
시원한 바람을 느끼게 하고
황량하지만 멋있는 바깥 풍경을
보이고 싶은 마음이었다.

창문의 높낮이로 약자를 배려하는 마음
협동을 통해 내일의 희망을 노래하고
진흙으로
학교, 기숙사, 마을회관 등을 지으며
선한 일자리와 소득을 만들어 가는

아프리카에서도 가장 가난한
부르키나파소의 케레에게
2022년 프리츠커 상을 주었다.

신선하게 변화하는
프리츠커재단의 안목이 상의 권위를 높여 나간다.

건축계의 노벨상답다.

부럽다.

그 동네

그 동네에
처음부터 꽃이 없지는 않았다.
사방에서 모여들고 주워 온 꽃들이 있었다.

시들고 가냘펐지만
꽃은 꽃이었다.
아름답지 않은 꽃들이 있을까?

꽃은 이름만으로도 아름답다.
크고 화려하게 피는 꽃만 아름다운 것이 아니다.
수수하고 조그맣게 피어도
꽃은 꽃이다.
그 자체로 아름다워야 한다.

언제부턴가 그 동네에서는
꽃들을 전시하고 내보이면서
꽃들에게 눈물을 흘리게 했다.
그
꽃들이 흘린 눈물방울이
다른 꽃들을 불러들였다.

꽃들이 많아질수록
그 동네가 유명해질수록
꽃들은 점점 박제가 되어갔다.

꽃들을 위해 쓰라고 모인 후원금은
땅을 사고 학교를 짓고
그 동네를 키우고 치장하는 데만 쓰였다.

꽃들에게는 물을 주지도 않았고
가꾸지도 않았다.
새롭게 피지도 않았다.

꽃을 피우기 위한 아픔이 왜 없겠는가?
아픔은 오로지 꽃의 몫이었다.
눈물진 처량한 꽃으로 남아야 했다.

꽃은 꽃을 위해 있어야 하거늘
박제된 꽃,
내보이기 위한 꽃

그 꽃들은
동네의
탐욕을 위한
수단과 도구일 따름

이제 그 동네에
꽃은 피지 않는다.
더 이상 꽃이 없다.

그 동네.

얼척없는 조선

가벼우면 수령
무거우면 현감
나합의 손끝에서
조선 벼슬아치들 모가지는 춤을 추었다.
첩 나합의 힘은 좌근에서 나왔다.

조정에서 헌종 뒤를 하전이 잇기로 했다.

얼척이 없었다.
이런 멍청이
모지리
핫바지
미련 곰팅이
말미잘, 해파리 같은 놈들

현명하고 야무진 왕이 들어서면
우리는?
우리에게 국물이 생기겠는가?

가장 멍청하고 지가 왕족인지도 모른 원범이로 하자
그래야 우리가 산다.

나라야 망하면 어떤가?
우리만 잘살면 되지

하전에서 원범으로 왕을 바꾼
좌근과 나합은 이리 뜯고 저리 묶음서
조선을 자근 좌근 씹어 먹었다.

원범을 철종으로 명을 내린
대비는 조순의 딸
좌근은 조순의 아들

그 조순에게
나라를 부탁한 정조

사드와 광해

싸움은 해봐야 안다.
도망치거나 토끼면 절대 알 수 없다.

아비(선조)는 압록강까지 도망가고
백성들은 궁궐(경복궁)을 태우며
일본군이 한양까지 왔을 때
광해는 병사들을 추슬러 뛰어다니며 싸웠다.

싸워보니 전쟁의 무서움도 알게 되었고
백성의 고단함도 알았다.
사그라지는 명과
떠오르는 청 사이에
어떻게 처신해야 하는지도 깨달았다.

100년이 네 바퀴쯤 돌았을 때
그네타기만 좋아하던 옹주에게
바마가 연락이 왔다.
싸드가 필요하다고

[광해라면]
바마의 연락을 받고
생각 해보자고 한 뒤

진핑이한테 슬쩍
바마가 싸드 어쩌고 저쩌고 한디
어째야 쓰것냐고 물었을 것이다.

천부당 만부당 한 일이라며
뭐 필요한 것 없냐?
어떻게 해주면 좋겠냐?는
진핑이의 연락을 받고

바마에게
진핑이가 펄펄 뜀서
이것도 해준다 저것도 해준단디
싸드가 중요하고 놔야 하는지는 알긴 아는디
진핑이가 저렇게 난리를 치니
영 거시기하담서 한 자락 깐다.

바마가 다시
진핑이가 해준단 것 다 말해봐바
내가 더 해줄 것인께
글고 싸드는 꼭 놔야 돼

광해왕
싸드는 당근 놔야제
그 싸드가 땅만 있으면 놓기는 쉽담서
시방부터 땅을 찾아봐야 쓰것는디

우리는 나라가 째깐한게
찾기가 솔차니 거시기하구만
땅은 미국이 넓긴 넓드만

함서
시간만 끌자
끌면 이긴다.

바마는 암것도 해준 것이 없었다.
준께 그만이었다.

더 웃긴 건
이든이는 암말도 안한디
사드를 하나 더 놔야 쓰것다고
먼저 설레발치는 놈들도 있다.

광해의 외교가 그리운 때다.

지공선사

가장 반 복지적인데도
보편복지처럼 익숙하게 스며든
지공선사

도대체
이런 얼척도 없이 무식한 제도를 누가
                        언제
                        왜 시작했을까?

짐작컨데
대통령 장인이 노인회장 할
그 시절에 기분 내키는 대로
한턱 쏜 것이 아닌가 싶다.

경제력과 상관없이
65세 이상은 묻지도 따지지도 않고 무조건 공짜
취약계층에게는 교통비를 따로 지원해주고
나머지는 요금을 받아야 맞다.

또한 수도권에 살지 않고 평생 전철을 탈 일이 없는
촌에 사는 노인들에게 지공선사는 무슨 차별인가?

만든 사람이 해결해야 하는데
가 불고 없고

인자사 고칠라고 봉께

노인들 표 떨어질까 봐
아무도 나서는 사람 없이
세월만 흐른다.

시방도 수도권 지공선사들은
공짜로 놀러 댕기니라 바쁘고

적자는 하염없이 늘어만 가고

암도 말 안 하고

다 아는 불합리를 고치는 것이 개혁이다.

자전거

탈라고 샀다.
거금에 독심을 먹고

한참 후

옷걸이로 변했다.

그래도 냅두자

언젠가는
옷걸이가 자전거로 변심할 날도 오겠지.

사라진 이쑤시개

이빨은
나이와 비례해서 벌어지기 마련이다.

이빨 사이로 자꾸 머시 찡긴다.
특히 고기 무글 때는 더 심하게 찡긴다.
이빨 사이에 찡긴 고기가 불편해서
묵다가 한두 번 빼내야 한다.

정구지라도 같이 무근 날에는
이빨 사이의 고기와 정구지를 질게 뺄 때
그 기분이 솔차니 시원하다.

근디

식탁 우게 이쑤시개가 없다.
없으니 찡긴 채 계속 묵는다.

빼고 무그면 시원하고 좋을 거신디.

예전에

돈밖에 없던 사람이
더 많은 돈을 벌기 위해
돈 많은 옆 나라에 가서 물었다.
어찌면 돈을 더 많이 버냐고

돼지를 기르란다.
돼지는 똥이 문제라서 우리는 안 키우지만
느그 나라는 암시랑토 않응께
한번 해보란다

돈밖에 없고
더 많은 돈을 원했던 그는
돼지집을 허벌나게 크게 지었다.

돼지똥은 비 오는 날 문만 열고
꼬랑창으로 내보내면 그만이었다.

땅이나
강이나
바다나 죽든 말든 신청보냥도 안 했다.

잘 나가는디
돼지가 자꾸 죽어 자빠진다.
잡아 봉께 창시에 이쑤시개가 박혀있다.

죽은 돼지들을 부여잡고
몇 날 며칠을 슬퍼하고 고민하고 궁리하다
푸른 기와집으로 갔다.

짬밥 속의 이쑤시개 땜시 죽습니다.
돼지를 살려 주십시오 함서
돼지 천마리를 바쳤다.
그때는 모든 돼지들에게 짬밥을 멕일 때다.

그러자 푸른 기와집에서
모든 식당의 식탁에서 이쑤시개를 없애라
한마디면 충분했다.

그 시절은 테스형이 하지도 않은 말
[악법도 법이다.]를 가르치고 배우는 시절이고
남산 돈까스가 펄펄 날아다닐 때다.

식탁에서 이를 쑤시는 것은 예의에 어긋난다.
쑤시는 것은 식당 밖에 나가서
모르는 사람들 앞에서
길거리에 걸어 댕김서 쑤셔라.

그렇게 해서 이쑤시개는 없어지고 불편은 남았다.

돈 밖에 없는 사람은 진즉 돼지를 다 팔아부렀고
이쑤시개를 없앤 사람도 총 맞아 죽고
인자는 돼지한테 짬밥을 멕이지도 않는데

이쑤시개는 식탁 위로 돌아오지 못하고 있다.

쑤시면 솔차니 시원한디.

휴대폰

가까운 앞 사람과의
대화는 사라지고

멀리 모른 사람과의
소통은 활발해지는

손빠닥

손꾸락

육봉

일봉부터 심상치 않았다.

이봉, 삼봉을 지나
오봉에 와 봉께 아찔한 육봉이
수상하고 요상하며 괴상한 자세로 떡 서 있었다.

심호흡을 크게 여러 번
여러 번 크게 함서 째려보지만
육봉은 끄떡도 않고 서 있다.

할 수 없다.
올라 가 보자

난간을 잡고 발을 올림서
다시 난간을 잡고 또 발을 올려감서
째까씩 올라가는데 숨이 턱에 찬다.

거의 수직
깔끄막도 이런 깔끄막이 없다.
이걸 올라갈 수 있을까?
맬갑씨 왔는갑다.
밀려오는 후회

다시 난간을 잡고
발을 올려본다.
달락 말락 하다가 미끄러진다.
숏다리의 비애
짧은 것이 웬수다.

다시 가쁜 숨을 몰아쉬면서
돌아 가부까 하고
밑을 보니
아득해서 못 가겠다.
돌아갈 수도 매달려 있을 수도 없이

용코로 걸려 부렸다.

땀은 등거리에 빠작빠작
이마에는 삐질삐질
머더러 왔든고?

할 수 없이
다시 난간을 힘줘감서 잡고
발을 뻗어 본다.
숏다리지만 아슬아슬하게 닿는다.
가랑이가 찢어 질라 말라
아슬아슬 위태위태
힘을 뽈깡 주고 물팍으로 버틴다.

이제부터 안 되것다.
뽈뽈 기어가자
발끝으로 물팍으로 팔꿈치로 손바닥으로
대그빡까지 찧어감서
뽈뽈 기어서 육봉 우게까지 왔다.
정신이 혼미해지고 아득해진다.

숨을 가다듬으며 몽롱한 눈으로 보니
희뿌연 안개에 가려
바다도 하늘도 보이지 않는다.
그저 옷 벗은 겨울 숲들이
봄을 향한 가쁜 숨을 몰아쉬면서
서 있을 뿐

육봉
포도시 오긴 왔다.
70에 올 만한 산은 아니지만

다시 엉덩이를 털면서 인났다.
함 가보자 칠봉, 팔봉을 향하여.

220308

드럼

오늘은 된께 쉬까?
내일로 미루까?
대그빡이 복잡해진다.
해야 하나 말아야 하나

글다가
그래도 해 봐야제
함서
채를 들고 의자에 앉는다.

몇 번의 심호흡 끝에
매트로늄을 맞춘다.

시~~~~~작!
따그다닥 따그다닥

한참을 두드리는데
또 박자를 제대로 못 자르고
찌그덕 하면서 버벅거린다.

음치 박치 몸치가
그것도 70에
드럼을 배운다고 생각한 것이
잘못된 것일까?

한참을 두드리다가 시계를 봤다.

15분 지났다.
닝장
1시간은 해야된디
언제 45분을 채우나

먼 염병 한다고
드럼을 배운다고 나서스까?
이 나이에

미쳤제
미쳐도 단단히 미쳐

그래도
호흡을 가다듬고
왼 팔목을 주무름서
의자에 다시 앉는다.

해 봐야제
한다고 했씅께
해 봐야제
따그다닥 따그다닥

70키로로 달려보자!

내 동생

홍건한 선홍빛 핏자국
상처 난 오토바이
사이에 떨어진 낡은 지갑

깊은 곳에 고이 간직한
빛바랜
사진 한 장

얼마나 그리웠을까?
얼마나 보고 싶었을까?

대리운전으로 퀵서비스로
고단한 나날을 보내던
너에게

위안으로 다가오고
사랑으로 감싸줬을
빛바랜 가족사진 한 장.

육신이 가루로 나올 때
만지고 싶었지만 만질 수 없었고
믿어지지 않았지만 믿어야 했으며
보낼 수 없었지만 보내야 했다.

벚꽃이 화사하게 피고
그 꽃잎이 눈처럼 날리는 날
슬픈 진달래가 서럽게 피는 날
흔들리는 어깨로
너를 보내야 했다.

니가
그렇게나 그리워하고
보고 싶어한 사람들과 함께

외롭고 힘들었을
슬프고 괴로웠을
서러웠을
삶

이제 편히 안고 가거라

울어도 울어도 마르지 않는 눈물로
소리치고 소리쳐도 들리지 않는 외침으로
흔들리는 어깨로
너를 보낸다.

벚꽃이 화사하게 피고
그 꽃잎이 눈처럼 날리는 날

슬픈 진달래가 서럽게 피는 날이면

선한 웃음으로 다가오는
니 발자욱 소리를 기다리마

잘 가라 승훈아!

미안하다 내 동생아!   220408

제목

제목이 중요하다

'대통령에게 드리는 글'을
'나는 고발한다'로 바꿨다.
파리시민, 프랑스 국민
모두가 드레퓌스의 무죄를 믿었다.

'젊은 그대들에게'를
'아프니까 청춘이다'로 바꾸니
대박이 났다.

'영혼의 母音'을
'무소유'로 바꿔
모든 이들의 영혼을 사로잡았다.

제목이 그만큼 중요하다.

근디
그 멋있고 팔릴만한 제목이

잘

생각 안 난다.

안 팔릴랑갑다.

함바트면

시덥지 않은 내용도
제목만 잘 뽑으면
책이 허벌나게 팔리는 시대

'하마터면~~~'
'~~~~~~떡볶이는 먹고~~~~~'
'멈추면~~~~~~~~'

제목만 그럴듯할 것이 아니라
내용도 걸맞게 좋은 책들이 많이 팔리면 좋겠다.

함바트면~~~~~~~ 떡볶이 먹다~~~~~~ 멈출 수도
~~~~~~~~~~~~~~~~~~~~~~~~~ 있다.

동행

함께 같은 곳을 향하여 걷는 것

평탄하고 좋은 길도 있지만
울퉁불퉁하거나 흙탕길일 때도 있다.

어느 길을 가더라도 함께 하는 것

동행할 때는 서로 의지해야 한다.

기쁜 날에 정담을 나누며 환하게 같이 웃으며
힘들 때 내민 손을 망설임 없이 잡아 주고

비가 오는 날이면
상대를 위해 우산을 더 내밀어 주는 것

바람 부는 날이면
앞장서서 바람을 막으며 걷는 길
동행

동행할 때는 서로 믿어야 한다.

앞서거니 뒷서거니 하며 걷지만
앞서 간다고 특별히 인정받거나 뒤에 온다고
따돌림받지 않으며
서로를 향한 믿음으로 함께 걷는다.

서툴거나 실수할 때 서로 등을 두드리며
인사할 때 눈을 마주치며 웃을 줄 아는
사람들이 모여 사는 곳
동행

서로를 믿고 의지하며
동행인들이 바라는
우리 모두가 행복해지는 세상을 위하여

오늘도
내일도
함께 한다.

同行

나감서

씀서
나름 시원하기는 했다.

시는 내 생각과 느낌을 글로 표현하는 것인데
글보다 말이 먼저이기에
내가 주로 쓰는 사투리를 많이 썼다.

어렸을 때 쓰던 정겨운 사투리가
사라져가는 아쉬움이 있었는데
이렇게라도 표현 할 수 있다는 것은 즐거움이었고

'동백원'을 설립하고 '동행'을 운영하면서
꿈꾸고 실천해왔던 일들을 쓰는 것은 행복이었다.

특히
아직도 복지와 자선이 구분되지 않는 우리 사회,
무분별한 빈곤 포르노 등에 대한 내 생각들을 써봤다.

쓰다 맥히면 구름 속을 헤매기도 하고
쓰다 머리 아프면 생각과 느낌을 섞어 마심서
쓰긴 썼는디

혼자 쓰다 봉께 보여줄 사람도 없고
평가해 줄 사람은 더 없어
맨맛한 직원들한테 보여줬다.

'좋습니다.'
'시 같이 보입니다.'
'인자 시인 되부렀습니다.'

아부성의 허무맹랑한 그 말만 믿고
시집을 내기로 했다.

북치고 장구치다 다 하다봉께
발문 써줄 사람도 없고
추천사는 더더구나 부탁할 생각도 못했다.

그래도
나이 묵고 짧은 시간에 책을 낼 수 있기까지
도와 준
이때까 함께 했고
시방도 함께 하고
앞으로도 함께 할
'동행'의 모든 분에게 항상 감사함을 느낀다.

끌새 봐서
담판은
허벌나게 거시기한 글들을 쓰고 자픈디

우선

많이나 팔리면 쓰것다.

2207
夢遊   김 홍 용